AF252569

DU

DROIT DE PÉTITION,

CAUSE DE SA STÉRILITÉ

ET MOYENS DE L'ATTÉNUER.

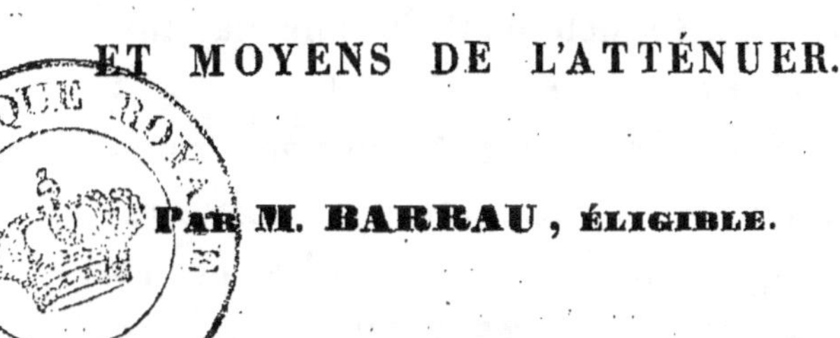

Par M. BARRAU, ÉLIGIBLE.

Rien n'est plus frappant et aussi déplorable que la stérilité du droit de pétition dans notre France, pourtant si savante, si intelligente et si active. Au point de vue du progrès, ce droit est à la société ce que la liberté est à l'industrie. Le monopole administratif en repousse l'exercice en l'annihilant. Il dit que ce droit est abusif ; qu'il amène à la tribune des utopies, des rêves d'illuminés, des plans de gouvernement ou d'administration que les citoyens peuvent produire par la voie de la presse.

Il y a ici à distinguer le droit de l'exercice de ce droit, et l'exercice de ce droit de la manière dont il est accueilli ; et après cette dis-

1845

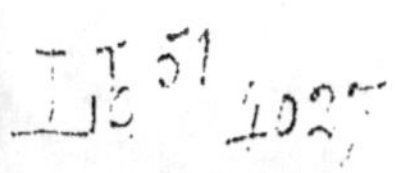

tinction nous verrons, en dernière analyse, que c'est l'accueil fait aux pétitions dans les ministères auxquels elles sont renvoyées, qui est abusif et les rend illusoires.

Le droit est la consécration d'une chose bonne en soi, dont on peut user ou ne pas user, et ne saurait conséquemment devenir par lui-même abusif ni illusoire.

L'exercice du droit de pétition peut reposer quelquefois sur des erreurs d'observation, de jugement, et inspirer des propositions illusoires et abusives. C'est un mal, sans doute, comme l'on en trouve dans les meilleures choses, mais un mal auquel la commission chargée de faire son rapport sur les pétitions remédie facilement. Elle fait promptement justice des pétitions entachées de ces défauts en les passant à l'ordre du jour, sur un exposé et par des motifs tellement concis et incontestables, que les *utopies et les rêves d'illuminés* ne trouvent aucun défenseur et ravissent peu de momens à la chambre.

Craignons au contraire que les propositions de réforme et d'amélioration désirables ne soient assimilées *à des plans de gouvernement et d'administration,* par des hommes disposés, par un excès de confiance ou de dévoûment au pouvoir, à repousser toute innovation, et que, par cette fausse interprétation, la France ne soit encore long-temps privée du bienfait des premières.

C'est aux chambres législatives qu'appartient le droit d'apprécier le mérite des propositions qui lui sont légalement soumises en vertu du droit de pétition. La raison et le bien public veulent que l'on ne mette aucun obstacle à l'exercice de ce droit, que l'on ne saurait, au contraire, trop encourager et soutenir ; car ce droit a l'inappréciable avantage de faire converger toutes les lumières de l'intelligence et du savoir, vers le pouvoir qui devrait les utiliser dans l'intérêt de la dignité, de la grandeur et de la prospérité de la France. Hommage soit rendu, sous ce rapport, à l'Empire, sous le régime duquel l'intrigue était impuissante pour empêcher de découvrir les hommes capables, de les accueillir et de les employer selon leur mérite au profit de l'État.

Les citoyens peuvent produire leurs plans par la voie de la presse. Oui, sans doute ; mais le moyen est-il aussi efficace ? Voilà la question qui sera résolue négativement par tous les esprits impartiaux. D'abord, les esprits méditatifs, les hommes de génie dévoués à la patrie, n'ont pas tous, à beaucoup près, le moyen de subvenir aux frais d'impression de leurs travaux. En second lieu, à quelles personnes, à quelles autorités adresseraient-ils leurs conceptions? Qui voudra consacrer à leur lecture, à un examen approfondi le temps nécessaire, avec le sentiment de leur impuissance à concourir à l'adoption des améliorations proposées?

Mais auprès des chambres, qui connaissent les besoins de la nation et dont la mission est d'appuyer tous les moyens de les satisfaire, on fait mieux qu'user d'un droit, on remplit un devoir de bon citoyen en leur soumettant des vues ou des projets utiles. Leur suffrage, accordé à une proposition, est un témoignage de valeur digne d'être sollicité, honorable pour celui qui l'a mérité ; c'est un cachet qui, sous un gouvernement franchement représentatif, ne serait jamais posé en vain.

C'est l'accueil que les pétitions recommandées reçoivent au ministère à qui elles sont renvoyées, qui les rend fructueuses, stériles ou illusoires. Fructueuses, lorsque le pouvoir, se pénétrant de l'esprit de la chambre, en tire le parti convenable, ce dont il y a peu d'exemples ; stériles ou illusoires, quand les pétitions sont livrées à l'étude des bureaux, qui les déposent, pour l'ordinaire, dans le carton des affaires abandonnées ou indéfiniment ajournées, ce qui arrive principalement quand les vues ou les plans du pétitionnaire contrarient les vues ou les plans des agens ministériels.

La même cause, l'influence bureaucratique,

produisait le même effet sous la restauration. Alors, comme aujourd'hui, scrupuleusement reçues, examinées, rapportées et jugées par les chambres, les pétitions étaient enterrées dans les cartons du ministère à qui le renvoi en avait été fait. Toutefois le ministre, sans doute pour consoler l'auteur de l'inhumation de son œuvre, lui écrivait une lettre (M. de Villèle en envoyait d'autographes) *pour lui apprendre que la chambre lui avait renvoyé sa pétition, qu'il l'avait lue avec intérêt, et que si le gouvernement, par suite, s'occupait de la chose, il y puiserait d'excellentes vues;* il y avait là un procédé honnête, procédé tout français qui laissait du moins quelque espérance.

Moins attentionnés, je ne dirai pas moins français, à Dieu ne plaise! les ministres, depuis la révolution de 1830, peut-être plus concentrés dans leurs méditations, n'usent pas de cette politesse envers les pétitionnaires. Il peut se faire aussi que leurs commis, dont ils n'ont pas eu le temps, l'occasion et les moyens d'apprécier la portée d'intelligence, sont parvenus à leur insinuer qu'une semblable mesure serait capable de donner à l'esprit novateur un élan, un encouragement tels qu'il pourrait en survenir une perturbation dans l'ordre administratif et un ralentissement dans la marche des affaires. L'intérêt et l'orgueil ont-ils jamais manqué de prétexte pour dissimuler les intentions qu'ils n'osent avouer?

Mais un fait vrai, quoique peu vraisemblable, et qui n'est pas rare, c'est que lorsque les ministres ont formé des commissions pour faire un projet de loi ou pour arrêter les bases d'organisation sur des sujets importans, les pétitionnaires, dont les écrits et les idées sur la matière avaient été appuyés honorablement par la chambre des députés, n'ont jamais fait partie de ces commissions, bien qu'elles aient été plusieurs fois renouvelées. Cette exclusion, aussi injuste qu'impolitique et préjudiciable, doit être moins attribuée aux ministres, peu familiarisés, à cause de leur passage rapide aux affaires, avec les choses et les personnes, qu'à leurs commis sur qui tout roule, moins la responsabilité et la signature. Sous peine de cesser d'être logiques dans leur volonté, les bureaux doivent nécessairement, pour parvenir à leur but, éloigner de l'examen et de la discussion des plans qu'ils ont conçus, les hommes qui n'ont pas manifesté une foi aveugle en la bonté de leurs élucubrations, à plus forte raison ceux qui ont paru divergens d'opinion, de vues ou d'intérêt.

Ceci me rappelle l'assertion d'un ministre qui, pour faire adopter un projet de loi de finances, affirmait à la tribune des députés, comme motif caractéristiquement persuasif, que dans la commission qu'il avait formée pour discuter le projet, il ne s'était trouvé qu'un seul membre dissident sur douze. Ce qui devait étonner davantage, c'est qu'il s'en fût trouvé un. C'était probablement un transfuge, car, pour l'ordinaire, les agens du ministère n'indiquent, en pareil cas, que les personnages dont ils connaissent l'opinion favorable ou l'esprit docile.

On a généralement remarqué, et à regret, que la chambre des députés a enlevé, dans sa session dernière, un grand nombre de séances au rapport et à la discussion des pétitions. Serait-ce que le découragement s'empare aussi de la chambre par l'inutilité de ses recommandations? Véritablement, il n'y a rien qui abatte autant comme de ne réussir jamais.

Et ne pourrait-on pas aussi assigner à cette cause le peu d'assiduité des députés à ces mêmes séances? Qui ne sait qu'à ces séances les bancs de la chambre sont presque dégarnis, et que, parmi le petit nombre de députés isolés qui s'y trouvent, les uns se livrent à leur correspondance particulière, les autres causent avec leurs voisins, d'autres se promènent, de telle sorte que les rapporteurs des pétitions éprouvent si peu le besoin d'élever leur voix en présence d'un auditoire inattentif, qu'on ne l'entend pas des tribunes publiques et que les sténographes restent les bras croisés. On dirait que la solennité des séances des pétitions s'est transformée en salle de conférences, à moins que l'attention des députés ne soit réveillée tout-à-coup par une de ces pétitions à grand effet, annoncée à l'avance, effet qui se dissipe souvent dans le bruit. On est plus sérieux sur ce sujet chez nos voisins d'outre-Manche.

Un tel état de choses est indigne d'une grande nation et incompatible avec un gouvernement constitutionnel. S'il devait durer quelque temps, on devrait se hâter de déclarer que l'exercice du droit de pétition est suspendu. Cette conduite, plus loyale, éviterait beaucoup de déceptions en épargnant beaucoup de temps à des citoyens honorables.

Les adversaires de ce droit, partisans aveugles ou intéressés du pouvoir, prétendent que les chambres n'ont pas le droit de s'immiscer dans l'administration. Est-ce s'immiscer dans l'administration en appuyant ou en recommandant aux ministres des écrits, des pétitions qui exposent humblement, dans des termes dignes, convenables et respectueux, des vues de réforme, d'amélioration, des économies, même une plus rationnelle distribution d'attributions entre les ministères ?

Un député me disait, à l'occasion d'une pétition sur un objet important, considéré comme tel par la chambre et par le gouvernement, qu'on devait laisser l'initiative à l'administration. Oui, mais quand elle promet depuis long-temps de la prendre, qu'elle ne la prend pas, que la chose se détruit, que les élémens s'en dissolvent et que la direction continue à suivre une ligne divergente avec celle du bien général ?

Au commencement de chaque session, le ministère vient réclamer, avec la plus pompeuse solennité, par la voix la plus auguste du royaume, le concours des chambres. Ne serait-il pas d'une juste réciprocité, d'une égale utilité que les ministres eussent égard à leur tour aux recommandations qu'elles lui adressent dans l'intérêt général ? Le vœu des chambres est l'expression de la voix du peuple qui a bien aussi sa majesté !

Nous avons dit que la stérilité du droit de pétition est due à la résistance des bureaux ministériels. Ils considèrent l'autorité dont ils sont en possession depuis long-temps, comme un droit acquis, inviolable. C'est en parlant de l'influence bureaucratique que l'honorable M. Hyde de Neuville disait à la tribune nationale : « *Il existe une puissance supérieure aux* » *ministres, supérieure à la chambre des Dé-* » *putés, qui retarde toutes sortes d'améliora-*

» *tions et ajourne indéfiniment les meilleurs*
» *projets.* » Ce député devint ministre ; mais
l'influence dont il signalait le mal ne diminua
point.

Elle croîtra au contraire tant que les porte-
feuilles seront l'apanage des hommes politiques,
au lieu d'être celui des hommes les plus versés,
chacun en sa spécialité, dans les affaires prin-
cipales qu'il doit administrer ; tant que, absor-
bés par la politique générale, les ministres
manqueront de loisirs pour l'étude des hautes
et intéressantes questions depuis long-temps
agitées ; tant qu'un ministère sera envisagé et
ambitionné comme une dignité honorifique, lu-
crative, plus que comme un véritable et grave emploi ; enfin tant que les ministres ne feront à leur
hôtel et en leurs bureaux, multipliés à l'excès,
qu'un passage tellement rapide qu'ils ont à
peine le temps et l'occasion de classer dans
leur esprit l'inventaire de leurs attributions di-
verses.

La puissance des bureaux s'augmente encore
de la classe où l'on prend les directeurs géné-
raux. Ces hauts fonctionnaires, destinés à devenir l'âme de l'administration, qui dans l'ordre
normal devraient être nés et pris parmi les agens
éprouvés, les plus distingués dans le même
service, ce qui y exciterait une noble et fruc-
tueuse émulation , sont choisis trop souvent

parmi les députés dont le mérite consiste, non sans esprit, sans ruse et sans action, à se montrer nécessaires, sinon indispensables, pour conserver la majorité au ministère qui les élève, ou qui a pris l'engagement de les élever. Et comme ce savoir-faire, plus remarqué qu'estimable, ne supplée pas au défaut des connaissances spécialement utiles pour diriger l'administration qui leur est confiée, le directeur général intrus improvisé est condamné à subir la direction que veulent bien lui donner ses subordonnés. D'où il résulte que ce directeur postiche, avocat du ministère jusqu'à ce qu'il devienne son accusateur peut-être, n'est qu'un gérant responsable dans le poste élevé qu'il occupe sans le remplir.

Toute insinuante et puissante qu'elle est, l'intrigue la plus effilée et emmiellée ne réussira pas à faire pénétrer dans les consciences pures et à porter dans les esprits droits, la conviction que ce système auquel on doit le maintien du *statu quo*, blâmé sous tous les régimes, est une des nécessités du gouvernement représentatif. Quoi que l'on dise et que l'on fasse, cette opinion ne passera jamais dans nos mœurs constitutionnelles.

Descendons de cet horizon où la raréfaction de l'air, causée par la chaleur du sujet, nous avait élevé malgré nous, pour ressaisir plus intimement notre thèse du droit de pétition, présenter un tableau sommaire de ses avantages, et indiquer des moyens thérapeutiques pour rétablir la santé de cet organe débile et lui donner la vigueur fructifiante dont il manque.

Sentinelle vigilante, à la voix modeste mais retentissante, le droit de pétition, quand il sera honoré et traité comme il le mérite, préviendra beaucoup de mal par ses avertissemens et produira un grand bien par ses enseignemens. Ce droit est incontestablement l'un des plus précieux d'une nation constituée comme la nôtre, car il est capable d'en signaler les vices. Ce n'est pas un avantage réservé seulement à quelques privilégiés, c'est le droit de tous, depuis le plus humble jusqu'au plus puissant citoyen.

L'article 3 de la charte dispose que tous les Français sont admissibles aux emplois (sous entendu qu'ils doivent être le partage des plus dignes et des plus capables).

Eh bien ! je le demande, le droit de pétition n'est-il pas un des fanaux pour découvrir les plus méritans ? Sous le régime actuel, ce même droit n'est-il pas le seul moyen laissé à l'homme intelligent qui n'est pas électeur, pour se faire connaître et signaler sa capacité ?

Envisageons maintenant, l'un après l'autre,

les effets du droit de pétition, sous le rapport de l'intérêt privé et de l'intérêt public.

Considéré sous le rapport de l'intérêt privé, l'exercice du droit de pétition doit nécessairement soutenir le courage du malheureux, de l'opprimé, en concourant à révéler quelque erreur, à réparer quelque injustice ou passe-droit, à détruire quelques abus ; et, mieux encore, à prévenir les unes et les autres en inspirant aux agens de l'administration une attention soutenue, une crainte préventive et salutaire dans l'exercice de leurs fonctions.

Sous le rapport de l'intérêt général, le droit de pétition, sous une administration disposée à encourager le travail, à soutenir le talent et à compléter les institutions, produira le bien immense de ne laisser aucune lumière sous le boisseau, ni aucune idée utile sans application ; d'où naîtra pour le pays une ère de progrès en toutes choses. Alors les abus de toute espèce seront signalés, flétris et bientôt détruits ; alors surgiront des projets d'amélioration dans toutes les branches administratives, des réformes dont le besoin est en vain proclamé depuis longtemps ; enfin, des économies sages et bien entendues, les seules désirables.

De l'exercice de ce droit constitutionnel résultera aussi une sorte d'émancipation des ministres, dont l'action est trop souvent subordonnée au bon vouloir des commis qui, sous une hiérarchie fondée sur les services et la capacité, sont destinés à obéir. Le zèle de ces derniers ne pourrait manquer non plus de se trouver stimulé pour éviter d'être devancés par quelque projet de perfectionnement; de plus, cet effet politique éminemment moral, ravirait à l'ambition effrénée, au népotisme et à l'abus de la protection, quelque poste, quelque emploi, quelque mission due légitimement à l'homme intelligent et laborieux dont la capacité se serait révélée par quelque plan, quelque mémoire, quelque projet couronné par l'appui et la recommandation éclairée de l'une des deux Chambres. Et ici du moins la critique la plus austère, la plus inquiète n'aura pas à se récrier contre le scandale d'un suffrage négocié, d'une conscience vendue, d'une indépendance compromise. Pur de toute corruption, le choix du pouvoir sera applaudi de tout le monde; il ne fera ni jaloux ni mécontent. Si l'intrigue est si ingénieuse à créer en faveur de l'ambition et de l'égoïsme des voies larges et élastiques et souvent détournées, pourquoi les ministres, obsédés par elle, ne chercheraient-ils pas à lui ravir quelque succès en laissant, dans l'intérêt public aussi bien que dans celui de la saine morale, quelque accès au talent modeste, au dévoûment sincère, à la capacité qui aurait fait ses preuves?

Après avoir présenté un aperçu rapide des avantages inhérens au droit de pétition, il nous reste à signaler les dispositions qui nous paraissent propres à donner à l'exercice de ce droit la fécondité désirable.

Voici simplement celles qui sont relatives aux pétitions d'intérêt général, les autres trouvant toujours des députés pour les soutenir.

1° L'auteur de toute pétition importante devrait la faire imprimer et en faire remettre un exemplaire à tous les membres de la Chambre à laquelle elle est adressée. Un imprimeur spécial pourrait se livrer à cette entreprise, moyennant un prix modéré. Par suite de cette mesure, MM. les pairs ou MM. les députés auraient le temps d'approfondir le sujet de la pétition pour venir ensuite, suivant leur conviction, appuyer ou combattre les conclusions de la commission.

2° Il serait à désirer que les journaux de la capitale offrissent à leurs lecteurs l'analyse des pétitions dressées sur des sujets remarquablement utiles. En augmentant ainsi l'intérêt de leurs feuilles, ils éclaireraient l'opinion publique dont le jugement ne serait pas sans influence sur le sort des pétitions.

3° Les rapporteurs des commissions devraient redoubler d'exactitude et de vigilance pour annoncer aux Chambres le jour à peu près où le rapport sur chaque pétition serait fait, et cela dans l'intérêt de la discussion.

4° Un relevé des pétitions qui auraient obtenu l'appui et le renvoi à un ministre, ou seulement le dépôt au bureau des renseignemens par l'une des deux Chambres, devrait être inséré dans le *Moniteur* et autres journaux.

5° Enfin, le ministère ferait un acte d'une immense portée et d'autant plus louable qu'il ne peut lui être imposé par les Chambres, si, à l'ouverture de chaque session, il déposait, sur le bureau de chaque Chambre, un état des pétitions renvoyées aux divers ministres dans la session précédente, état dans lequel serait consigné ce qui aurait été fait relativement à chacune d'elles.

Imprimerie d'Ed. Proux et Cᵉ, rue Neuve-des-Bons-Enfans, 5.